ようこそ、歴史秘話ヒストリアへ

この本は、NHK番組「歴史秘話ヒストリア」の内容をもとに編集してあります。
番組では、歴史上の人物が何に悩み、悲しみ、よろこんだのかといった、
これまでとはちがった角度から、歴史の秘話がひもとかれていきます。
歴史という大河のひとしずく〜秘話〜によって、つぎつぎと明らかにされる
新しい歴史のすがたをお楽しみください。

「ヒストリア（historia）」とは、古代ギリシャ語などにある言葉で、歴史を意味する英語
「ヒストリー（history）」のもととなった言葉です。

目次

二・二六事件
奇跡の脱出劇 …… 4

- Episode 1　勃発！二・二六事件 …… 4
- Episode 2　女中は見た!? …… 6
- Episode 3　始動！総理救出作戦 …… 8

幻の巨大潜水艦 伊400
〜日本海軍 極秘プロジェクトの真実〜 …… 10

- Episode 1　世界初の潜水空母　ハワイ沖で撮影に成功！ …… 10
- Episode 2　極秘の建造プロジェクト …… 12
- Episode 3　潜水空母の最期 …… 14

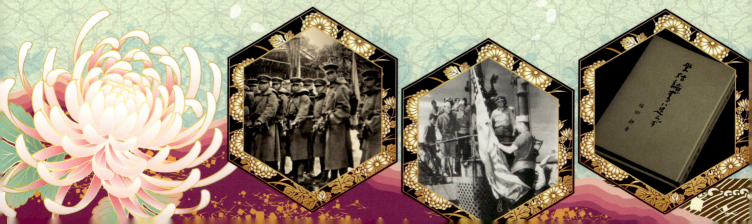

お菓子が戦地にやってきた
～海軍のアイドル・給糧艦「間宮」～　　　16

- Episode 1　海に浮かぶスイーツ艦 …… 16
- Episode 2　待っていました！お菓子船 …… 18
- Episode 3　間宮 涙の別れ …… 20

"裏切り"の声は甘く悲しく
～太平洋戦争のラジオアイドル 東京ローズ～　　　22

- Episode 1　謎のラジオアイドル 東京ローズ誕生！ …… 22
- Episode 2　東京ローズ 謎のアイドルの素顔 …… 24
- Episode 3　東京ローズは反逆者!? …… 26

天皇のそばにいた男
～鈴木貫太郎　太平洋戦争最後の首相～　　　28

- Episode 1　妻が見た「二・二六事件」 …… 28
- Episode 2　まことに異例ではございますが… …… 30
- Episode 3　畏れ多いことながら再度の御聖断を！ …… 32

もうひとつの終戦
～日本を愛した外交官グルーの闘い～　　　34

- Episode 1　日米開戦を防げ！ …… 34
- Episode 2　平和のために立ち上がれ！ …… 36
- Episode 3　書きかえられたポツダム宣言 …… 38

二・二六事件　奇跡の脱出劇

警視庁の中庭に集結した陸軍将校と兵士らの反乱軍。左手前には重機関銃が見える。

Episode.1　勃発！二・二六事件

　1936年2月26日、陸軍の歩兵部隊300人がとつじょ、総理大臣官邸を襲撃しました。護衛の警官を排除し、官邸を制圧します。のちに「二・二六事件」として知られるクーデター事件の勃発です。襲撃部隊のねらいは内閣総理大臣の命。絶体絶命と思われたそのとき、周囲の人々が命がけの救出作戦にいどみます。かつて総理大臣の秘書官をつとめた福田耕の回顧録「栄枯論ずるに足らず」をもとに、知られざる脱出劇を伝えます。

　記録的な大雪となった2月25日の東京・永田町。総理大臣官邸は、なごやかなお祝いムードにつつまれていました。その中心にいたのは、内閣総理大臣の岡田啓介。衆議院総選挙を5日前におえたばかりでした。そばにいた人物のひとりは秘書官の福田耕。岡田総理を父親のようにしたっていました。

　福田は、日付のかわった26日午前1時すぎ、官邸のむかいにある官舎にもどりました。そして、午前5時、すさまじい銃声が静寂をやぶります。福田の目にとびこんできたのは、むかいの総理大臣官邸をとりかこんで、銃をかまえるおおぜいの兵士の姿でした。

　福田は、すぐに官舎

「栄枯論ずるに足らず」　　内閣総理大臣の岡田啓介（右）と総理大臣秘書官の福田耕。

二・二六事件 （1936年2月26〜29日／昭和）

■ 解説

　1936年2月26日未明に、陸軍の青年将校たちが約1500人の兵をひきいてクーデターをこころみた事件。クーデターとは、非合法的に武力を使って政権をうばうこと。彼らは、自分たちが理想とする政治の実現を目ざして、高橋是清大蔵大臣、斎藤実内大臣らを殺害し、首相官邸や国会議事堂のある永田町周辺を占拠した。29日、陸軍により鎮圧。この事件以降、陸軍はかえって政治的発言を強め、日本が太平洋戦争へつきすすむきっかけになったといわれる。

二・二六事件をおこした部隊

をとびだそうとしましたが、玄関にいた兵士に制止されます。

　異常事態でした。総理大臣官邸がおそわれたのとおなじころ、別の部隊が警視庁などを襲撃し、陸軍省をふくむ東京の中枢を占拠していました。二・二六事件の勃発です。

　まもなく、官邸のなかに襲撃部隊がなだれこみました。官邸とつながっている公邸の寝室にいた岡田総理のもとに、義理の弟の松尾大佐と私服警官がかけつけます。総理たちが寝室をでて、浴室に身をひそめた直後、襲撃部隊が総理の寝室に乱入しました。岡田総理が逃げたことを知った兵士たちは、血眼になって捜索をはじめました。

　官舎からでられない福田は、あせりをつのらせるばかりでした。しかし、あわい期待もありました。総理大臣官邸に異変がおきたときは、警視庁の特別警備隊がかけつける手は

ずになっていたからです。ところが、襲撃部隊の重機関銃がにらみをきかせていたため、特別警備隊は官邸に近づくことすらできなかったのです。

　総理といっしょにかくれていた私服警官は、見つかるのも時間の問題だと思い、一か八かの賭けにでて、浴室からとびだします。兵士のひとりにおそいかかったものの、逆に軍刀で切りつけられてしまいました。

　そのころ、官舎にいた福田は、応援をたのもうとして電話をかけました。

「秘書官の福田です。総理大臣官邸に兵隊がいて、なかにはいれません。憲兵を派遣してください」

　電話の相手は憲兵隊の小坂慶助曹長でした。憲兵隊は、軍隊の規律を守る役目をになっています。しかし、小坂の返答はこうでした。

「憲兵を派遣したくても、永田町一帯は占拠されて、近づくことができないのです」

　そのときです。銃声がとどろいたかと思うと、兵士たちの万歳の声が聞こえてきました。それは、岡田総理大臣が殺害されたことを意味するものでした。

小坂慶助憲兵曹長

Episode.2 女中は見た!?

　襲撃から4時間がたったころ、総理大臣官邸と公邸は、襲撃部隊に完全に制圧されていました。静けさのなか、岡田総理の寝室には、遺体が安置されます。
　秘書官の福田耕は、せめて総理に最後のおわかれをいいにいこうとします。同僚の秘書官、迫水久常をともない、襲撃部隊の兵士に、総理に線香をあげたいとうったえました。許可されたふたりが公邸にはいると、遺体が安置された寝室にとおされます。
　ところが、遺体は岡田総理ではなく、総理の義理の弟、松尾大佐のものだったのです。じつは、総理たちが浴室にかくれて絶体絶命と思われたとき、松尾大佐が総理のかわりに兵たちの前へでていったのです。
　「岡田総理か」と問われた松尾大佐は、「いかにも、総理大臣だ」とこたえます。兵士たちは、松尾大佐を岡田総理と信じこんで銃弾をはなちました。テレビなどのない時代、兵士たちは、岡田総理の顔を新聞の写真でしか見たことがなく、実際の顔はよく知らなかったのです。

岡田総理の写真が掲載されている当時の新聞記事。

　遺体を前にした福田に、ひとりの兵士がたずねました。
　「岡田閣下のご遺体にまちがいありませんね」
　「まちがいありません」
と、福田はこたえました。
　福田と迫水は、兵士に見張られながら、女中部屋にいきました。そこには、身をかたくしてすわりこんだまま動かない、ふたりの女中の姿がありました。
　「たいへんだったね。けがはなかったかい？」
　迫水がねぎらうと、女中のひとりが、
　「はい、おけがは、ありません」
とこたえたのです。
　自分のことなら、ていねいに「おけが」というはずはありません。暗に総理のことをいっているのだと、福田と迫水は察しました。女中たちが押入の前から動こうとしないのは、なかに総理をかくしているためか……。しかし、兵士がそばにいるため、たしかめることができません。迫水は見張っていた兵士に近よると、適当な理由をつくって、兵士を女中部屋から遠ざけました。福田が押入の戸をあけてみると、思ったとおり、岡田総理がなかにかくれていました。
　「総理！　よくぞご無事で！」
　松尾大佐が身がわりとなって殺されたあと、岡田総理は女中たちと出会い、この押入にかくれたのでした。女中たちは、兵士が巡回してくると、押入の前でおびえて動けないふりをして、総理を守りつづけてきたのです。

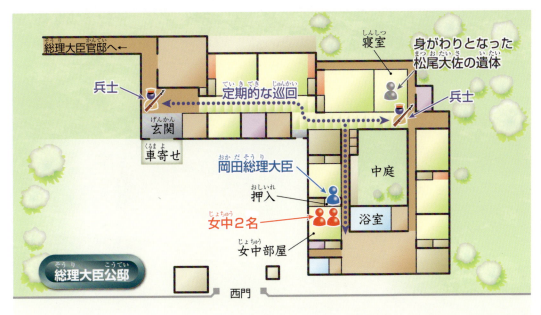

総理大臣公邸内の見取り図。寝室と玄関の前に見張りの兵士がいる。そのうえ、定期的に巡回もある。

　福田と迫水は、救出のために動きだしました。まず、応援を要請するため、迫水が政府や軍隊の高官が集まっている宮内省にむかいました。福田は、ふたたび公邸内を歩き、襲撃部隊の警戒態勢を調べます。

　岡田総理がかくれているのは、女中部屋の押入です。脱出するには、廊下をとおって玄関にでるしか道はありません。しかし、見張りの兵士が寝室前と玄関に立って、つねに警戒しているため、通過するのは至難の技です。そのうえ、兵士による巡回も定期的にありま した。岡田総理の救出など、とても不可能な状況でした。さらに、政府も軍も、襲撃部隊との武力衝突をおそれ、いっこうに動こうとはしませんでした。

　そして、事件発生から14時間がたったその日の夜、ラジオや新聞の号外が岡田総理の死を伝えました。

　福田のもとには、岡田総理の親戚たちが早く弔問させるようにうったえてきました。福田は、本人が生きているともいえず、だまって聞いているしかありませんでした。

　事件発生から28時間たった2月27日午前9時、福田の前に、ひとりの憲兵があらわれました。それは、事件直後に福田が電話をかけた相手、小坂慶助曹長です。小坂は、その日の朝、公邸で女中から話を聞き、岡田総理が無事であることを知っていました。そして、このふたりの出会いこそが、奇跡の脱出劇の幕あけとなったのです。

「大阪毎日新聞」の号外。「首相ら重臣 三名即死す」との見出しがある。

Episode.3 始動！総理救出作戦

　大きく動きはじめた救出作戦。福田耕と小坂慶助に、小坂の部下がくわわり、岡田総理をいかに脱出させるかが話しあわれました。いい方法が見つからず、考えあぐねていたとき、福田は弔問客のことを思いだしました。
「じつは、昨晩から総理の私邸におおぜいの弔問客がきています。彼らを総理大臣公邸にいれ、総理をそのなかのひとりということにして、脱出させるのはどうでしょう？」
　これで作戦が決まりました。決行は兵士の巡回のあいまの時間帯。まず弔問客を公邸内にいれます。小坂の部下が、寝室前に立つ見張りの兵士の注意をそらし、そのすきに岡田総理を女中部屋から廊下へつれだします。焼香をおえた弔問客のふりをして玄関を通過させ、弔問客が乗ってきた車に乗せて脱出させるというものでした。
　寝室と玄関の見張りの兵士にあやしまれず通過できるかどうか、これが成功のかぎをにぎります。弔問客の誘導から岡田総理の脱出準備まで、各自の役割分担が決められました。
　福田は、さっそく襲撃部隊のところにいき、弔問客をいれさせてほしいとたのみました。
「なにぶんにも、遺族の方々が一刻も早く弔問したいと熱望しているのです。なんとか、みとめていただけませんか」
　交渉の結果、10人程度という条件でゆるしを得ます。一方、小坂は、岡田総理の着替えの用意に奔走していました。あらかじめ弔問客の姿に変装しておいてもらうためです。小坂の部下が見張りの兵士の注意を引きつけたすきに、小坂は背後をかけぬけ、女中部屋にむかいました。そして、着替えの衣服を総理にわたしました。
　2月27日午後1時、事件から32時間が経過したころ、いよいよ決行の時がきました。
「弔問者、はいります！」
　福田は声をあげ、弔問客とともに公邸内に足をふみいれました。公邸にはいると、遺体が安置されている寝室へと弔問客をうながします。
　小坂の部下が見張りの兵士の注意を引きつけているすきに、小坂は女中部屋へむかいます。いそいで岡田総理を廊下につれだすと、そこへ福田がかけつけ、小坂とふたりで総理をかつぎながら歩きだしました。まずは寝室の見張りを突破。つづいて玄関前の廊下をすすみます。ところが、あわただしく走ってきた3人にただならぬ気配を感じたのか、玄関の見張りの兵士が身がまえます。兵士が一行をとめ、尋問しようとしたそのとき、
「急病人だ、死体を見ちゃいかんといったの

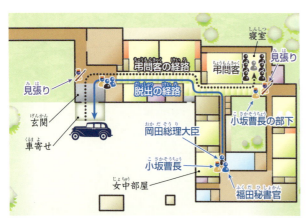

に、びっくりしたんだ。こまった老人だ」

小坂がとっさにそういうと、兵士がそれ以上、引きとめることはありませんでした。ついに玄関をでると、小坂がさけびました。

「急病人だ！　さあ、早く乗って！」

その直後、岡田総理を乗せた車は、総理大臣公邸を脱出します。午後１時20分、無事に総理は救出されたのでした。

その２日後の２月29日、二・二六事件は終結します。周囲の人々の命がけの行動が、総理大臣殺害という最悪の事態を回避させたのです。

命を救われた岡田総理は、事件の発生をふせげなかったことに責任を感じ、総理大臣を辞職。二・二六事件から16年後の1952年、84歳でこの世を去りました。

事件以来、岡田啓介が死ぬまでたいせつにそばにおいていたものがあります。それは、二・二六事件で殉職した松尾大佐や警官たち、５人の位牌です。彼は特別にその５人の位牌をつくり、自宅で供養しつづけていたのです。

興昭院（東京都港区）。松尾大佐ら５人の位牌（右）がおさめられている。

車に乗る岡田総理（左）と福田耕。

福田が死ぬまで守りぬいたもの

岡田総理の秘書官だった福田耕は、晩年まで、事件の詳細について、多くを語ろうとはしませんでした。その理由をうかがわせるものが、地元の福井に伝わっています。それは、岡田総理作の漢詩が書かれた書幅で、福田におくられたものでした。福田はこれを自宅にかざり、自分の信条として、死ぬまでたいせつに守りました。

「栄枯論ずるに足らず」

人からあれこれいわれても、言い訳や手柄を語る必要はない。自分の真心は、天のみが知っている──。

岡田総理が福田におくった書幅（福井市立郷土歴史博物館蔵）。書かれているのは、総理がつくった漢詩で、総理自身の座右の銘でもあった。最後の５文字は「栄枯不足論（栄枯論ずるに足らず）」。

幻の巨大潜水艦 伊400
～日本海軍 極秘プロジェクトの真実～

世界最大（建造当時）の潜水艦「伊400」（写真提供：大和ミュージアム）。

Episode.1　世界初の潜水空母　ハワイ沖で撮影に成功！

太平洋戦争のさなかの1944年12月、日本海軍は、戦艦大和とならぶ巨大潜水艦を開発します。それまでの潜水艦の概念を大きくつがえす構造をもった「伊400」です。終戦後、70年の時をこえて姿を見せた幻の潜水空母 伊400。その数奇な運命をたどります。

太平洋戦争が終結した翌年の1946年に、日本海軍の潜水艦 伊400がハワイのオアフ島の港に到着しました。日本の降伏によってアメリカ軍が接収し、技術調査のためにハワイ

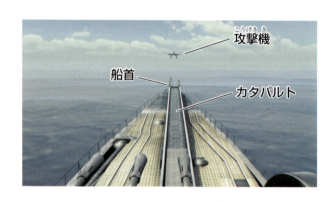

に運ばれてきたものです。全長は122メートルで、同時期につくられたドイツの潜水艦、Uボートのおよそ2倍。当時、世界一の大きさをほこっていました。船体の上部に格納筒がとりつけられていて、そのなかには折りたたみ式の攻撃機が3機、搭載されていました。空から敵を攻撃できる世界初の潜水空母だったのです。

戦後、アメリカ軍は、伊400の調査をおえると、爆破して海にしずめてしまいました。

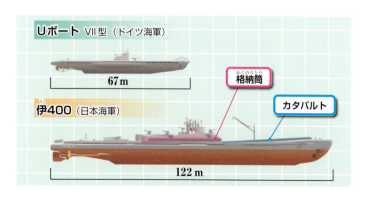

伊四百型潜水艦 伊400／日本海軍

■ 解説

　太平洋戦争中に開発された日本海軍の巨大潜水艦。全長122メートル、全幅12メートル。建造当時は世界最大で、のちに原子力潜水艦が登場するまで世界一をほこっていた。船体の上部にとりつけられた格納筒に、折りたたみ式攻撃機「晴嵐」を3機搭載できるため、「潜水空母」ともいわれる。連合艦隊司令長官、山本五十六の立案により、広島県呉市で建造された。太平洋戦争終結後の1946年、アメリカ軍によって破壊され、ハワイのオアフ島沖にしずめられた。

CGで再現された伊400

　海底深くしずんだ伊400は、正確な位置すらわからなくなってしまい、やがて、人々の記憶からもわすれ去られていきました。

　それから、およそ70年の歳月が流れた2013年、伊400の船体の一部が見つかったのです。発見したのは、ハワイ大学海洋調査研究所の潜水チームのリーダー、テリー・カービー。10年にわたって潜水艦をさがしつづけてきた人物です。見つかった場所は水深600メートル以上の海底。光がとどかない深さのため、そのときは全容をとらえることはできませんでした。

　そこで2014年10月、NHKとハワイ大学は、伊400の詳細な映像を撮影するため、共同で潜水調査をおこないました。調査地点は、オアフ島の南30キロの沖合。70年前、アメリカ軍によって撃沈処分された場所です。調査には、2隻の調査用潜水艇が投入されました。

　太平洋戦争は、1941年12月8日に、日本の艦隊がハワイの真珠湾を攻撃したことからはじまりました。航空機による奇襲が成功し、最初の戦いで日本は勝利をおさめます。この作戦を立案したのは、連合艦隊司令長官の山本五十六。山本はつぎの一手を考えていました。それは、アメリカの本土への直接攻撃です。潜水艦で東海岸へ近づき、そこから航空機を発進させて、ニューヨークや首都ワシントンを爆撃するという作戦です。山本は、そのために伊400の建造を指示したのです。

　2014年にハワイ沖でおこなわれた潜水調査の最大の目的は、その前の調査では見つけられなかった格納筒をさがしだすことでした。アメリカ軍の魚雷で破壊されたとき、衝撃で格納筒がはずれ、所在がわからなくなっていたのです。その格納筒の撮影にはじめて成功しました。高さ4メートル、全長30メートル。これだけでも、小さな潜水艦なみの大きさです。ほかにも、航空機をとばすためのカタパルト、格納筒の上にとりつけられていた司令塔も発見できました。

　格納筒に攻撃機を搭載する世界初の潜水空母 伊400——。幻の巨大潜水艦の全容が明らかになってきました。

左は攻撃機を搭載するための格納筒。右は格納筒の上にとりつけられていた司令塔。

Episode.2 極秘の建造プロジェクト

　1943年1月、伊400の建造が広島県呉市ではじまりました。しかし、大きさも機能も常識はずれだった伊400の建造にこぎつけるまでには多くのハードルがありました。

　そもそも、設計の段階で問題がいくつもありました。ひとつは巨大な格納筒の存在です。格納筒は小さな潜水艦ほどの大きさがあり、この格納筒をのせると、船体がバランスをうしない、ひっくりかえってしまいます。試行錯誤をくりかえし、最終的に採用されたのが、船体をふたつならべた上に格納筒をとりつけるという方法でした。

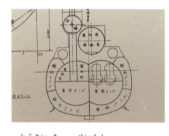

伊400の図面（断面）。船体内部は、ふたつの円をつなげたメガネのような形をしている。

　搭載機「晴嵐」の開発もすすめられました。晴嵐の主翼の長さは12メートル。爆弾や魚雷など、さまざまな兵器を搭載するためには必要な大きさでした。この晴嵐をどのようにして直径およそ4メートルの格納筒におさめるかが最大の課題でした。

　晴嵐の開発は、名古屋市にある愛知航空機（今の愛知機械工業）でおこなわれました。真珠湾攻撃で戦果をあげた九九式艦上爆撃機など、多くの優秀機を生みだした会社です。

　晴嵐の設計がはじまったのは前年の2月。リーダーの尾崎紀男技師は、格納筒にどうやって晴嵐をおさめればよいか、頭を悩ませま

潜水映像や専門家の意見をもとに再現したCG。船体の上部には、攻撃機を収容する格納筒が設置されている。この部分だけで30メートルの長さがある。うしろの甲板には14センチ砲がにらみをきかせている。

した。これまで、空母に飛行機を格納するときなどは翼を折って対処していました。しかし、伊400では、格納筒の直径が晴嵐のプロペラの長さにあわせて設計されていて、それまでの折り方では、格納筒におさまりません。悩んだすえに尾崎技師がひらめいたのは、晴嵐の主翼を90度回転させてから折りたたむ方法です。まず、うしろの水平尾翼を折りまげます。つぎに、格納筒の天井にあたらないよう、垂直尾翼の上部も折りまげます。そして、主翼を90度回転させて後方に折りたたむと、格納筒のなかにおさめることができたのです。

　ところが、伊400の計画が軌道に乗りはじめた1942年6月、日本はミッドウェー海戦で大敗を喫します。翌年4月には、伊400の発案者だった山本五十六がソロモン諸島で戦死。

日本はしだいに追いこまれていきます。

このことは、伊400の建造計画にも影響をおよぼしました。搭載する晴嵐の数を、2機から3機にふやすことになったのです。当時、国内では、兵器の生産に必要な鉄などの資材が不足しはじめていました。当初18隻を予定していた伊400型潜水艦の建造数は10隻にへらされ、搭載機の数をふやすことで、戦力をうめあわせようとしたのです。

しかし、それには、もう1機を搭載するスペースをつくらなければならず、建造中の伊400を設計から見なおさなければなりませんでした。再設計の結果、弾薬庫など、船の守りの装備をとりはずすことで、格納筒の長さを10メートルのばすことができました。しかし、それでもたりません。尾崎技師は、晴嵐の方向舵をまげてスペースをつくり、そこに晴嵐の頭の部分をつめこむ方法を考えだしました。さらに、一番前にはいる晴嵐の先端部がおさまるように格納筒の扉に穴をあけます。こうしたくふうによって、晴嵐3機をおさめることができたのです。

建造開始から2年がたった1944年12月、技術者たちの知恵と努力によって、巨大潜水艦伊400はついに完成したのです。

しかし、すでに戦局は、アメリカを中心とする連合国側に有利にかたむいていました。1943年9月には、日本と同盟を結んでいたイタリアが降伏。おなじくドイツも敗色濃厚となっていきます。ドイツがやぶれれば、大西洋に派遣されていたアメリカ艦隊が日本と戦うため、パナマ運河をとおって太平洋にくるのは明らかです。作戦は、アメリカ本土への攻撃から、パナマ運河への攻撃に変更されました。パナマ運河は、太平洋と大西洋を結ぶ海上交通の要衝。破壊できれば、アメリカ艦隊は、南米を迂回しなければならず、太平洋到着を大幅におくらせることができます。

伊400によるパナマ運河奇襲作戦の訓練がはじまりました。作戦は伊400が潜航した状態でパナマ運河に接近後、急速浮上して晴嵐を発進させたのち、ただちに潜航するというものです。海面にういている時間が短いほど敵に発見されにくいので、晴嵐の発進にかかる時間をいかにちぢめられるかが課題でした。乗組員たちは必死で訓練に明けくれます。その結果、きびしい訓練と乗組員たちのくふうによって、発進までの時間を大幅に短縮させることができました。

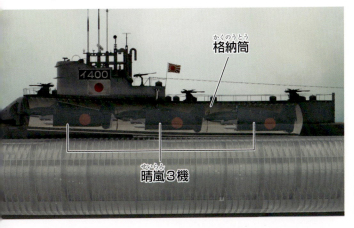

主翼はうしろに、水平尾翼は上に、垂直尾翼は横に折りたたんだ状態で、晴嵐の機体は格納筒におさめられている。

Episode.3 潜水空母の最期

　1945年6月、パナマ運河奇襲作戦にむけ、伊400では総仕上げの訓練がおこなわれていました。ところが、突然、作戦の中止命令が伝えられました。戦争は最終局面へ動いていました。5月に同盟国のドイツが降伏したので、大西洋のアメリカ艦隊の多くがすでに太平洋に移動していました。パナマ運河破壊の意味はなくなっていたのです。さらに、アメリカ軍は沖縄に上陸。日本本土での決戦が目前にせまっていました。

　こうしたなか、伊400に新たな任務があたえられます。南太平洋ウルシー環礁への攻撃です。そこにはアメリカ軍の機動部隊が集結し、日本の本土侵攻への準備がすすめられていました。1隻でも多くの敵艦をしずめ、本土防衛のための捨て石となるという決死の作戦です。その作戦で晴嵐の搭乗員たちに課せられた任務が特攻でした。特攻とは、飛行機に爆弾を搭載したまま敵に体当たりする攻撃のこと。ひとたび出撃すれば死を覚悟する、

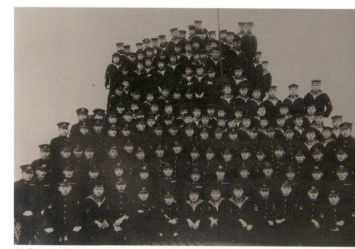

甲板で撮影された伊400の乗組員たち。伊400が完成した1944年12月30日に撮影された。総勢195人で、多くが十代、二十代の若者だった。

まさに捨て身の戦法でした。

　7月20日、伊400が呉を出港します。同型艦の伊401とともに、ウルシー環礁を目ざしました。敵の目をあざむくため、2隻は別々に行動します。南太平洋のある地点で合流し、ウルシーに停泊中のアメリカ艦隊を奇襲する手はずでした。すでに太平洋の制海権はアメリカ軍がにぎっていて、日本軍の艦船は、つぎつぎと撃沈されていました。無事にたどりつくことさえむずかしい状況でした。

　伊400が日本をでて、およそ2週間後の8月6日、アメリカが広島に原子爆弾を投下します。その2日後、ソ連が日本に宣戦布告。さらに8月9日には、アメリカによる2発目の原子爆弾が長崎に投下されます。こうした情報は、ラジオや無線をつうじて、伊400の艦内にも伝わりました。

　8月14日、伊400は合流地点に到達し、伊

401を待ちます。攻撃は3日後にせまっていました。
　翌日、伊400は、はるか遠い日本からのラジオ放送を受信します。その音声はとぎれとぎれで聞きとりにくいものでしたが、日本の降伏を伝える玉音放送だったのです。
　伊400では、降伏をいさぎよしとしない士官たちが声をあげましたが、艦長の日下敏夫中佐は、乗組員全員とともに日本にもどることを決断します。
「本艦は、これより呉に帰港する。おれは艦長である以上、乗組員全員を郷里に帰す義務がある。ここは命令にしたがってくれ」
　搭載していた晴嵐は海に投棄されました。
　帰途についた伊400は、日本の近海でアメリカ軍の駆逐艦に発見され、拿捕されます。日本の軍艦旗は、アメリカの星条旗にかえられました。伊400はアメリカ軍にともなわれ、横須賀に帰港します。その後、アメリカ軍に引きわたされることが決まり、9月、乗組員たちに解散命令がだされたのでした。
　翌年の1月、伊400は、専門家たちによる徹底的な調査のため、ハワイに運ばれました。アメリカ軍は、それまで見たこともない形や性能におどろき、伊400を自国軍の潜水艦として運用することまで検討しました。しかし、6月4日、アメリカ軍は方針を一変させ、伊400を爆破して海にしずめたのです。理由は明らかにされていませんが、それは当時、敵対しつつあったソ連から、伊400を検分したいという申し入れがあった直後のことでした。
　日本の技術の粋を集めて建造された潜水艦伊400は、こうしてハワイの沖合にしずみ、長い眠りにつくこととなったのです。

晴嵐は、実戦で伊400から飛びたつことなく、南の海に投棄された。

伊400の軍艦旗はアメリカの星条旗にかえられた。

アメリカ軍に拿捕される伊400。

甲板に集まる伊400の乗組員たち。

お菓子が戦地にやってきた
～海軍のアイドル・給糧艦「間宮」～

戦地にいる将兵が到着をまちこがれていた給糧艦「間宮」（写真提供：大和ミュージアム）。

海に浮かぶスイーツ艦

　太平洋戦争中、日本海軍の将兵たちに大人気で、だれもが待ちこがれていたという船がありました。それは給糧艦「間宮」。最中、ケーキ、ラムネなどをつくっていた船です。きびしい戦いがつづく戦地で、兵士たちにお菓子をとどけ、ひとときの幸せをもたらした秘話を紹介します。

　今も残されている間宮の設計図には、いっぷうかわった船内のようすが記されています。菓子生産室、あんこをつくる製餡所のほか、ラムネ製造機室もあります。間宮は、まさに海にうかぶお菓子工場ともいえる船でした。

　間宮が建造されたのは1924年。前年の関東大震災をきっかけに、東京が大きく近代都市へと姿をかえようとしているころのことでした。間宮は、最新の設備を搭載した日本海軍初の給糧艦として誕生します。給糧艦とは、ほかの軍艦などに食料を補給するための船で、今でいう補給艦です。当初、間宮は巨大な冷蔵庫で新鮮な食料品を保存し、戦地に運ぶことをおもな任務としていました。それがどうしてお菓子をつくることになったのでしょうか。ヒントとなるのが、そのころ、日本が模範としていたイギリス海軍の習慣です。当時、イギリス海軍は大艦隊を擁し、世界屈指の勢力をほこっていました。そこでたいせつにされていたのが「ティータイム」の習慣です。

間宮の設計図（大和ミュージアム所蔵）

給糧艦 間宮 日本海軍

■ 解説

日本海軍初の給糧艦。全長150.9メートル、全幅18.6メートル。1924年に竣工される。給糧艦とは、ほかの軍艦などに食料を供給するための船。1928年、間宮の艦長が嗜好品は兵士を元気にし、士気を高めるという内容の報告書を提出し、お菓子をつくるためのさまざまな設備がもうけられた。船内には、菓子生産室、製餡所、ラムネ製造機室などがある。1944年12月21日未明、アメリカ軍の潜水艦からうけた魚雷によって沈没した。

間宮（写真提供：大和ミュージアム）

間宮の嗜好品生産供給に関する書類（防衛研究所戦史研究センター所蔵）。

食事以外にも、紅茶とチョコレートを楽しむ時間をもうけることで、将兵のやる気を引きだしていたのです。

1928年、間宮の艦長は海軍大臣に、兵士の士気を高めるには、日々の食事だけでなく、あまいものなどの嗜好品も必要だという報告書を提出しました。海軍上層部もこの報告を支持し、間宮には、お菓子をつくるための設備がつぎつぎとくわえられていきます。

まずは、ラムネ製造機械。ラムネは、炭酸ガス、水にシロップをくわえればできあがりです。簡単につくれて、のどごしも抜群でした。さらに設置されたのが、まんじゅうなどをつくる機械一式。これでつくられたのが最中や羊羹など、あんこを使った和菓子です。設計図には、製餡所のなかに、炊飯釜とならんで大きな釜がふたつ記されています。これらはあんをねるための釜だと考えられています。熱源は、船を動かすのに使われる蒸気を二次利用したものです。船というかぎられた空間のなかで設備をうまく使うことにより、間宮は、たんに食料を運ぶ船から、いわば洋上のお菓子工場へと変貌をとげていきました。

必要な設備がそろったら、つぎなるステップアップは人材の確保です。間宮では、味のレベルをあげるため、本職の菓子職人を募集しました。給料が民間よりいいとあって、応募が殺到したそうです。間宮の羊羹は、海軍の将兵だけでなく、一般の人たちにも大好評だったようで、そこには和菓子職人たちの高い技術力があったといいます。

すぐれた設備、豊富な食材、くわえて一流の菓子職人。こうして給糧艦「間宮」は、日本海軍のだれもが到着を待ちこがれる、あこがれの船になったのです。

ラムネ製造機室（上）と製餡所（右）のようす。

Episode.2 待っていました！お菓子船（かしぶね）

ハワイの真珠湾で、日本軍の戦闘機による爆撃をうけて炎上するアメリカ軍の戦艦。

1941年12月8日、日本軍の真珠湾攻撃によりはじまった太平洋戦争。開戦後の間宮のおもな任務は、日本から3000キロあまり南のトラック諸島（今のミクロネシア連邦チューク諸島）への補給でした。そこは日本海軍の一大拠点で、戦艦大和や戦艦武蔵など、連合艦隊の艦艇が集結し、およそ2万人の将兵が待機していました。

大正時代に建造された間宮は、このとき、すでに海軍のなかでは旧式艦ともいえる存在でした。通常の速さは約10ノット（時速約18.5キロ）。10日ほどかけてトラック諸島へむかいました。

かつて、トラック諸島まで間宮に乗船したことがある元海軍兵、西谷廣正さんによれば、間宮の船足のおそさは、兵士のあいだでも有名だったそうです。おそかったわけは燃料にありました。石油でエンジンを動かす船が主流だったなかで、間宮は、まだ石炭を使っていたのです。

間宮について話す西谷廣正さん。下は海軍一等水兵だった当時の写真。

西谷さんがいうには、間宮を護衛している艦艇から、こうつげられたこともあったそうです。

「貴艦は前進なりや、後進なりや、はたまた停止なりや」

それほどまで、間宮はおそい艦艇だったようです。それでも、西谷さんが間宮に乗船すると決まったとき、まわりの人たちは、「間宮にいったら、羊羹食えるぞ」と、うらやましがったそうです。

当時、国力のすべてを戦争につぎこむため、日本政府は、さまざまな物資を統制していました。米、塩、砂糖、醤油などの生活必需品

米や穀類を求めて配給所に集まる多くの市民。

日本軍が大敗を喫したミッドウェー海戦。

はすべて配給となっていました。食べることさえ事欠くなかで、お菓子を楽しむ余裕など、まったくなかったのです。

開戦から半年後の1942年6月、日本はミッドウェー海戦で、4隻もの空母をうしなう大敗を喫します。太平洋戦争は、大きな転換点をむかえていました。

トラック諸島にいた戦艦大和の信号兵、廣一志さんは、そこでの日々はたいへん過酷だったといいます。

「ひと口でいえば、われわれにとっては地獄みたいですね」

廣さんたちは、きたるべき決戦にそなえて、午前、午後、夜間と、1日のほとんどをはげしい訓練についやしていました。さらに訓練以外のあらゆる場面でも、きびしい規律が課せられ、体を休めるひまもありません。若い兵士の楽しみは、寝ることと食べること、それと上陸だけです。そんななか、廣さんたちが楽しみにしていたのが間宮のお菓子だったそうです。

間宮がトラック諸島にやってきたとわかると、付近に停泊している艦艇から、それぞれの食料調達係が小型の船で間宮におしよせます。なかでも大人気だったのは、あまくておいしい羊羹でした。

間宮の乗組員で、食材の倉庫番をつとめた乗松金一さんは、お菓子づくりがいそがしいときには、たびたび手伝いをしたそうです。

「和菓子でも洋菓子でも、職人が60人いて、3日も4日も前から一生懸命つくった」

こうした職人たちのがんばりが、海軍の士気をささえていました。しかし、戦争がすすむにつれ、間宮をとりまく状況は、刻一刻と悪化していったのです。

戦艦大和で信号兵だった廣一志さん。下は大和に乗船した当時の写真。

Episode.3 間宮 涙の別れ

　1943年10月、トラック諸島にむかっていた間宮は台風に遭遇し、いっしょに行動していたほかの艦艇とはぐれてしまいます。仲間の艦艇が無電（無線電信）で集合地点を間宮に知らせましたが、この無電はアメリカ軍に傍受されていたのです。そうとは知らずに集合地点にやってきた間宮は、アメリカ軍の潜水艦に攻撃され、魚雷が命中。沈没はまぬかれたものの、自力での航行ができなくなってしまいました。結局、横須賀からむかった駆逐艦「潮」に助けられ、日本まで曳航されて事なきをえました。

　1944年2月、間宮が補給のためにむかっていたトラック諸島は、アメリカ軍の大空襲をうけます。この空襲で、輸送船31隻をふくむ40隻をこえる艦船が撃沈、あるいは破壊されてしまいました。12月になると、それまで戦いのまっただなかにいくことのなかった間宮に、フィリピンの日本軍に食料をとどけよという命令がくだりました。日本は、すでにグアム、サイパン、フィリピンのレイテ島を占領され、南シナ海における制海権も制

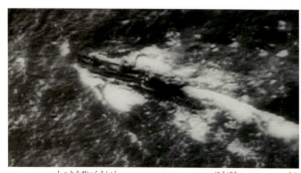
トラック諸島大空襲。アメリカ軍機の砲撃をうけて炎上する日本軍の艦船。

太平洋戦争における日本軍の勢力範囲。1942年6月のミッドウェー海戦以降、勢力範囲はどんどんせばまっていった。

空権もうしなっていました。そのような場所に、船足がおそく、十分な武器ももたない間宮がでていくなど、それまでは考えられないことでした。

　フィリピンにむけて間宮が出港しました。もともと船足がおそいうえ、大量の荷物をつんでいたため、どうしてもスピードがでません。そして、12月20日夜8時46分、間宮は、アメリカの潜水艦に攻撃されます。数回にわたって魚雷攻撃をうけ、翌日の未明、ついに沈没してしまいました。

　間宮に乗っていた乗松金一さんは、寒風ふきすさぶ海のなかへ、必死の思いでとびこんだそうです。身を切るような冷たい海のなか

乗松金一さん。下は当時の写真。

乗松さんと山本さんをつなぐ2枚の写真。

で、乗組員は順々に力つきて、ばらばらになっていったといいます。

ひとり、またひとりと仲間が力つきるなか、乗松さんは朝をむかえました。もうだめかと思ったとき、味方の艦艇が救助にきてくれました。乗松さんは、無事に海から引きあげられたのです。間宮とともにすべてをうしなった乗松さんの手もとに残ったのは、仲間たちと撮った1枚の写真だけでした。

「3人か4人かは助かった。あとは全員死んでしまった」

乗松さんは、この写真を見るたびに、当時のことを思いだすといいます。

このとき、460人あまりの乗組員が亡くなりました。そして、8か月後、日本は降伏し、太平洋戦争は終結しました。

山本松恵さんの兄、定男さんは間宮の菓子職人でしたが、間宮と運命をともにしました。かつて定男さんは、「船はしずんでも、絶対に死にゃせんよ」といって、松恵さんに笑顔をむけたそうです。

間宮がしずんで、山本松恵さんたち家族のもとにとどいたのは、兄の戦死を知らせる1枚の紙と、からの骨壺だけでした。山本さんは、今も兄がまだどこかで生きているのではないかと思ってしまうといいます。

じつは、今回の取材で、山本さんがもっている兄の写真と、乗松さんがもっている間宮の仲間の写真がおなじものだということがわかりました。

山本さんは、乗松さんをたずねることにしました。そして、ずっと心のなかでかかえてきた疑問を乗松さんに投げかけます。

「助かった人も、かなりいたんですか」

「亡くなったという人は、海のほうへしずんでしまったんですか」

乗松さんから、たびかさなる魚雷攻撃で沈没していった間宮のようすや、冷たい海での漂流のようすを伝えられると、山本さんは、うなずきながら、つぶやくようにいいました。

「やっぱり兄は、船もろともに逝ったんでしょうね……」

広島県呉市には、太平洋戦争で沈没した船と乗組員のための慰霊碑が建てられています。そこには、間宮の慰霊碑もあります。戦後70年以上たった今、あたりまえのように感じる日常の尊さを間宮は教えてくれているのかもしれません。

山本松恵さん。右は兄の山本定男さんの遺影。

広島県呉市の長迫公園に建てられている特務艦間宮戦没者慰霊碑（写真提供：呉海軍墓地顕彰保存会）。

"裏切り"の声は甘く悲しく
～太平洋戦争のラジオアイドル 東京ローズ～

B29爆撃機の前で笑顔を見せるアメリカ兵たち。機体には「TOKYO ROSE（東京のバラ）」の文字とイラストがかかれている。

Episode.1　謎のラジオアイドル 東京ローズ誕生！

　太平洋戦争のさなか、最前線で戦うアメリカ軍の兵士たちに大人気のアイドルがいました。その名は「東京ローズ」。戦争と国家に人生を翻弄された、ある女性の物語を紹介します。

　1941年12月8日、日本軍による真珠湾攻撃で幕をあけた太平洋戦争。アジアや太平洋を戦場として、日本軍は、アメリカを中心とする連合国軍とはげしい戦いをくりひろげました。開戦と同時に、敵兵の戦意をうしなわせようとするための心理戦もはじめられました。

　その心理戦で、中心的な役割をはたしたのがラジオです。当時、「ラジオ・トウキョウ」とよばれたNHK（日本放送協会）の国際放送は、開戦と同時に日本の主張や戦争の正当性をうったえる宣伝放送、いわゆるプロパガンダ放送を開始します。政府の指導のもと、世

当時のNHKの国際放送「ラジオ・トウキョウ」のパンフレット。

界中にむけて16か国語で放送をおこなっていました。そのなかで、もっとも効果をあげた番組が「ゼロ・アワー」です。軽快な音楽とともにはじまるこの番組は、夕方、アメリカ兵のいこいの時間をねらって放送されました。番組の特徴は、半分以上が音楽コーナーだったことです。選曲はアメリカ兵に人気のジャズが中心でした。番組では、こんな英語で語りかけられます。

アイバ・トグリ・ダキノ （1916〜2006年／大正時代、昭和、平成）
（Iva Toguri D'Aquino／戸栗郁子）

■ プロフィール

1916年、アメリカのロサンゼルスで生まれた日系2世。日本に滞在中に太平洋戦争がはじまり、帰国できなくなる。NHK（日本放送協会）につとめ、アメリカ兵に対するプロパガンダの一環として放送されていたラジオ番組「ゼロ・アワー」の女性DJのひとりとなる。女性DJは、アメリカ兵から「東京ローズ」とよばれ、アイドル視された。戦後、アイバは、反逆罪を問われてアメリカ市民権を剥奪される。のちに特赦で市民権を回復し、90歳で亡くなる。

アイバ・トグリ・ダキノ

"Asking orphan musically, are you having any fun? How about that, boneheads? （どう？楽しんでるかしら、おばかさんたち！）"

女性DJ（disk jockeyの略／ラジオ番組の司会者）が前線の兵士に語りかける陽気なトークが人気でした。番組はまたたくまに大人気となり、アメリカ軍の兵士たちは女性DJに「東京ローズ」というあだ名をつけ、アイドル視するようになっていきます。

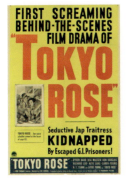

映画「TOKYO ROSE」（1945年公開）の広告。ハリウッドで映画が製作されるほど、東京ローズは人気者だった。

やがて兵士たちは、東京ローズの正体を、あれこれ妄想しはじめます。太平洋で行方不明になったアメリカ人の女性飛行士だとするものや、日本に亡命したハワイの王女だというもの、また、黒髪のオリエンタルな芸者ガールとするものもありました。

東京ローズの魅惑的な声は、ふるさとに残した愛しい女性のことを兵士たちに思いおこさせました。毎日毎日、放送を聞くうちに、ホームシックになる兵士もあらわれだします。東京ローズは、無視できない影響をアメリカ軍におよぼしはじめていたのです。

アメリカの情報機関がまとめた東京ローズについての極秘報告書にはこうあります。

「東京ローズは、チャーミングなエンターテイナーであり、わが軍の兵士の心理を熟知している。そして、少なくともふたりの人物が演じているようだ」

いったい、東京ローズは何者なのか——。多くのアメリカ人を熱狂させたその正体が、ついに明かされるときがやってきます。

終戦から半月後の1945年9月1日。アメリカの新聞にひとつの特ダネが掲載されました。

「東京ローズはロサンゼルス出身のアイバ・トグリと判明」

東京ローズの正体として報道されたのは、アイバ・トグリ（Iva Toguri）というひとりの日系人女性でした。彼女はまだ、この先に待ちうける数奇な運命を知るよしもありませんでした。

東京ローズの正体が判明したことを伝える新聞。

Episode.2 東京ローズ 謎のアイドルの素顔

　アイバは、山梨県からアメリカに移住した両親のあいだに、日系アメリカ人2世として生まれます。ロサンゼルスで雑貨店をいとなむ両親は、アイバを日本人ではなく、アメリカ人として育てようとしました。成績優秀だったアイバは、地元の名門大学に進学し、動物学を専攻します。

左が大学生時代のアイバ。動物学科の学生たちが海洋調査にでかけたときに撮影された。

　1941年の夏、大学を卒業したばかりのアイバは、両親にたのまれ、具合がわるくなった東京のおばの見舞いにいきました。おばの家へたどりついたアイバは、アメリカへ帰る船がでるまでの半年間、そこで下宿することになりました。

　ところが、日本での生活は困惑の連続でした。家にあがるときに靴をぬぎわすれたり、お風呂をあわだらけにして怒られたり、日本食がまったく口にあわず、体調をくずしてたおれたりしました。

　日本になじめないまま、およそ4か月がたった12月8日、日本軍がハワイの真珠湾を攻撃し、アメリカとの戦争がはじまりました。

　アイバは事態を知って、ぼうぜんとします。

　早くアメリカに帰らねば——。アイバは、引き揚げ船で日本からの脱出をこころみますが、帰国は拒否されてしまいます。じつはそのころ、アメリカでは、日系人は敵性市民とみなされ、強制収容がはじまっていました。日系人がスパイとして入国することをふせぐため、アメリカへの帰国がむずかしくなっていたのです。

　一方、日本でも、しだいにアメリカをはげしく敵視する風潮が強まります。

「アメリカ人のわたしを家においていたら、おばさんにひどい迷惑がかかってしまう」

　アイバは、おばの家をでて、一人暮らしをはじめました。しかし、日本語の読み書きすらおぼつかないこともあって、まともな仕事は見つかりません。帰国費用にあてるはずのお金も底をつき、絶望にさいなまれます。

　ところが、思わぬ仕事がアイバにまいこみます。ラジオ・トウキョウで、英文の放送原稿をうつタイピストに採用されたのです。当時、ラジオ・トウキョウでは、帰国子女や日

ラジオ・トウキョウの建物。

本に帰化した日系人の女性が多く働いていました。

とはいえ、彼女たちは日本の国籍をもった日本人。アメリカ国籍のアイバは、ここでも疎外感を味わいます。

1943年、日本にきて2年の月日がたったある日、アイバは、3人の外国人と出会いました。それは、プロパガンダ放送をつくるために、日本軍の命令でつれてこられた捕虜たちです。3人が担当していたラジオ番組が「ゼロ・アワー」でした。捕虜たち自身が原稿を書き、選曲やアナウンスをおこなっていました。思いがけない場所で同胞に出会ったような思いをいだき、アイバは感激します。

その2か月後、3人のリーダーで、元ラジオコメンテーターのチャールズ・カズンズ（オーストラリア軍少佐）が、アイバを「ゼロ・アワー」のDJに抜擢しました。

アイバはいいました。

「わたしはアメリカ人です。日本のプロパガンダにはでたくありません」

すると、カズンズはいいました。

「『ゼロ・アワー』は、むしろアメリカ兵をはげます愛国的な番組なんだよ。わたしたちは、日本軍に気づかれないように、こっそりくふうをしてきたんだ」

これまで自分たちが日本軍の戦果をばかにした口調で読んだり、大本営発表を聞きとれないくらいの早口で読んだりして、ひそかに日本軍に抵抗してきたことをうちあけました。

アイバは、この放送がアメリカ兵を勇気づけることになると聞いて、DJの仕事を引きうけます。そして、自分の声が戦場の兵士に

アイバ夫妻（共同通信社）。左が夫のフィリップ・ダキノ。

とどくことを信じて、けんめいに語りつづけました。

その後、日系人の新聞記者フィリップと結婚し、ささやかな幸せを手にいれます。

そして、1945年8月15日、終戦をむかえます。これでアメリカに帰れるとよろこんでいたアイバを、予想もしない運命がおそうことになります。

終戦から2週間後、日本には、マッカーサーひきいる連合国軍がやってきます。このとき、たくさんの従軍記者も日本入りをしました。記者たちのねらいは、3人の大物にインタビューすることです。ターゲットは昭和天皇と元首相の東条英機、そして、ラジオアイドルの東京ローズでした。

厚木飛行場におりたった連合国軍最高司令官のダグラス・マッカーサー。

Episode.3 東京ローズは反逆者⁉

　終戦後、アメリカの従軍記者がアイバをさがしだしました。独占インタビューに応じてくれれば、2000ドルを支払うともちかけます。東京で一軒家が買えるほどの大金でした。

　帰国費用を使いはたしていたアイバは、夫とともに取材に応じます。アイバは、記者から、自分がアメリカ兵にとってのアイドルだったことをはじめて聞かされました。

「あのとき、けんめいに語りかけたわたしの声は、たしかにアメリカ軍の兵士へとどいていた」

　感激したアイバは、堰を切ったように日本での日々を語りはじめます。ところが、取材の2日後に発表されたアメリカの新聞記事の見出しは、「反逆者 東京ローズ」というもの。日本のプロパガンダ放送に協力した裏切り者の日系人がみずから名乗りでた、という悪意にみちた内容でした。

「国のために戦ったわたしたちの息子が帰ってこなかったのに、反逆者の日系人がのうのうと生きのびているなんて、絶対にゆるせない」

　アイバは逮捕されて、巣鴨プリズン（巣鴨拘置所）に収監。数か月間にわたってFBI（アメリカ連邦捜査局）の取り調べをうけたあと、1948年、裁判の被告人として、アメリカに強制送還されます。

　アイバの裁判は、カリフォルニア州のサンフランシスコでひらかれることになりました。当時、全米でもっとも反日感情が強いといわれた土地です。陪審員は12人全員が白人。検察が集めた証人はおよそ100人。裁判費用はアメリカ建国史上最高の50万ドル以上が投じられます。アメリカ社会は、総力をあげて反逆者アイバを断罪しようとしていました。

記録映画に出演しているアイバ。

　アメリカでは、すぐにアイバへの大バッシングがはじまりました。中心になったのは、戦争で息子をうしなった母親たちや、日系人の排斥運動をしていた活動家たちでした。

巣鴨プリズンに収監されたアイバ。下はFBIの取り調べ資料。

1949年7月5日、裁判がはじまります。問われた罪名は反逆罪。国家への裏切り行為です。検察側は、陪審員に「ゼロ・アワー」の録音を証拠として提出します。しかし、それは陽気な音楽紹介にすぎない内容でした。

　アイバは、けんめいにうったえます。

　「わたしは、用意された台本を読んでいただけです。アメリカ兵を勇気づけるためだと説明をうけていました。みなさん、わたしは、アメリカを裏切ったことは一度もないのです」

　当時、裁判を取材していた司法記者たちのあいだでは、国家への反逆の意思もみとめられず、証拠もない以上、判決は無罪になるだろうという見方が大半でした。しかし、検察側は、仮に反逆の意思がなかったとしても、アイバが実際に放送に参加したこと自体が問題だと主張します。

　「あなたが、あのプロパガンダ放送に参加したのは、だれかにおどされたからですか？」

　「いいえ」

　「では、あなたは放送を拒否して、肉体的な拷問をうけたことはありましたか？」

　「いいえ」

　「どうですか、みなさん。被告は、みずからすすんで日本のプロパガンダ放送に参加した。これは明らかな事実なんです」

　9月29日、判決は有罪で禁固10年、罰金1万ドル。アメリカでもっとも不名誉な罪、反逆罪が確定しました。必死に守りつづけたアメリカ市民権も剥奪され、アイバは、愛する祖国の手で反逆者の烙印をおされてしまったのです。

　アイバは、刑務所に収監されました。そし

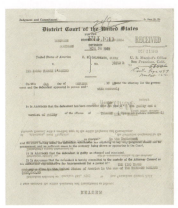

アイバにくだされた判決文。

て、6年2か月後、模範囚として釈放されます。その後は家族の暮らすシカゴで余生を送り、みずから東京ローズのことを語ろうとはしませんでした。

　日系人受難の時代からおよそ20年後、アメリカ社会では、黒人などに正当な権利を保証しようとする公民権運動が活発になります。同時に、戦争中の日系人への差別や迫害を見なおす動きもはじまりました。アメリカ政府は、日系人の強制収容はまちがいだったとみとめ、アイバの裁判も再検証されることになります。1977年、アメリカ大統領はアイバの特赦を決定。60歳のアイバは、27年ぶりにアメリカ市民権を回復したのです。2006年、アイバは、退役軍人会から表彰をうけます。

　「あなたは、どんな困難なときも、アメリカ国籍をすてようとしなかった愛国的市民である」

　アイバは、この表彰の8か月後、90歳でこの世を去りました。

60歳のときのアイバ。

天皇のそばにいた男
～鈴木貫太郎 太平洋戦争最後の首相～

鈴木貫太郎をおそった事件のようすがえがかれた絵画（鈴木貫太郎記念館所蔵）。着物を着て正面をむいている人物が鈴木貫太郎。左端にすわっているのが妻のたか。

Episode.1　妻が見た「二・二六事件」

　1936年2月26日未明におきた二・二六事件。陸軍の青年将校らにひきいられた約1500人の兵士が、首相（内閣総理大臣）ら政府要人を襲撃し、9人が殺害されます。首相官邸や警視庁など、東京の中枢をわずか数時間で占拠しました。天皇親政をめざし、国家改造を実現しようとしたこの行動は、近代日本史上最大のクーデター事件といわれます。

政府要人を襲撃した二・二六事件（共同通信社）。

たかの肉声が録音されたテープ。1965年に、たかが近所で交流のあった農家の人の要望に応じて録音したという。

　鈴木貫太郎も襲撃されたひとりでした。そして、その襲撃に居合わせた鈴木の妻、たかが語った録音テープが残されていました。
　「パンパンパンパンとうつと、そこへおれてしまいましたからね。眉間にひとつあたって、ひとつは肩へあたって。ひとつは心臓の右のほうへあたって、ひとつがね、横腹へあたって……。眉間からも胸のところからも、血がどろどろどろどろでてくるんです」
　当時、鈴木は、昭和天皇側近の侍従長でした。毅然たる態度をとっていた鈴木に、銃弾4発がうちこまれました。

鈴木貫太郎 （1867〜1948年／江戸・明治・大正時代、昭和）

■プロフィール

海軍軍人・政治家。1867年、和泉国（今の大阪府南西部）に生まれる。日清戦争（1894〜1895年）や日露戦争（1904〜1905年）に従軍し、その後、連合艦隊司令長官、海軍軍令部長を歴任する。1929年、昭和天皇の希望で侍従長に就任。1936年、二・二六事件で襲撃され、重傷をおう。1945年4月、内閣総理大臣に就任し、太平洋戦争の終結に力をつくした。終戦日の8月15日に内閣は総辞職。1948年に亡くなる。

鈴木貫太郎（共同通信社）

たかは、こうも語っています。

「……兵隊さんたちのほうはね、『とどめ、とどめ！』って、大きな声でいってたんです。わたしはね……まだ主人が息をしてますから……ひと言、生きてるあいだにわかれをいいたいと思って……『とどめだけはどうか待ってください』。安藤大尉がそれを聞いてね、『とどめは残酷だからよせ！　みんな閣下に対して、敬礼をしろ』。すると、みんな、ぱたぱたっとすわってね、敬礼してきました……」

もともと鈴木は生粋の海軍軍人。幾多の死線を乗りこえ、任務をまっとうしてきました。日露戦争では、ロシアのバルチック艦隊と砲火をまじえ、日本軍の勝利に貢献しました。その後、連合艦隊司令長官と海軍軍令部長を歴任し、海軍のトップにまでのぼりつめます。

40年におよぶ軍人としての人生のなかで、鈴木には、「軍人は政治に関与せざるべし」という、ゆるぎない信念がありました。ところが、1929年、61歳のとき、思いがけなく天皇との縁が生まれます。宮中の重要な役職である侍従長に推挙されたのです。侍従長とは、天皇の身のまわりの世話をするのがおもな役目。それだけにとどまらず、公私両面で天皇

昭和天皇

鈴木貫太郎と妻のたか（鈴木貫太郎記念館所蔵）。

の相談相手になったり、首相や大臣が拝謁する場に同席したりするなど、重要な職務をになりました。鈴木は、天皇の側近中の側近となっていきます。

しかし、二・二六事件の首謀者たちは、鈴木ら側近を、天皇のそばで悪政をおこなう者、国家体制を破壊する者とみなしたのです。

たかは、たおれている鈴木の胸や頭に手をあて、無我夢中で止血をおこないました。一時は脈もたえたといいます。鈴木の大事を聞いた昭和天皇は、怒りをあらわにし、政府要人をおそった部隊を反乱軍とみなして、鎮圧を命じました。

こうして二・二六事件は、4日で終息し、鈴木貫太郎は、奇跡的に一命をとりとめました。しかし、この年、長くつとめた侍従長をしりぞくことになったのです。

Episode.2　まことに異例ではございますが…

　アメリカなどの連合国を相手に太平洋戦争を戦った日本は、1945年8月15日、ポツダム宣言を受諾し、終戦をむかえます。この終戦にいたるたいへんな時期に首相だったのが鈴木貫太郎でした。

　鈴木自身は、首相就任の要請があった当初、再三にわたり固辞します。すでに77歳で耳が遠いこと、そして、「軍人は政治に関与せざるべし」という信念が理由でした。鈴木に対し、じきじきに懇願したのが昭和天皇でした。鈴木はついに承諾し、その年の4月、首相に就任。そのころ、日本の敗北は決定的でしたが、戦争を継続して本土決戦にのぞむべきだという動きもありました。戦争をどうおわらせるかが、非常に重い問題として残されていました。

　戦争終結を実現させる過程で、だれがどんな働きをしたかについてはさまざまな見解があります。しかし、ここでは昭和天皇が「わたしと肝胆相照らした鈴木であったからこそ、このことができたのだと思っている」と語った鈴木貫太郎を軸にして、終戦にいたるまでを見ていきましょう。

　1945年8月9日の朝、鈴木は、皇居の地下防空壕でひらかれた緊急の会議にのぞみました。議題は、2週間前に連合国側からつきつけられたポツダム宣言をうけいれるか否かということ。ポツダム宣言は、日本に対する降伏勧告でした。連合国側が日本を占領することや、日本の軍隊の武装解除、戦争犯罪人の処罰などを求めるものでした。この会議の3日前、アメリカが広島に原爆（原子爆弾）を投下しました。さらに会議の日の未明には、ソ連が満州（今の中国東北部）に攻めこんでいました。

　国家の命運をになっていたのは、首相の鈴木をはじめとする最高戦争指導会議の6人。政府と軍部を代表するメンバーでした。出席

戦地にむけて滑走路を飛びたつ日本軍の戦闘機。

最高戦争指導会議のメンバー

内閣総理大臣
鈴木貫太郎
（共同通信社）

陸軍大臣
阿南惟幾
（共同通信社）

外務大臣
東郷茂徳
（共同通信社）

軍令部総長（海軍）
豊田副武

参謀総長（陸軍）
梅津美治郎

海軍大臣
米内光政

者は、いまやポツダム宣言を受諾するしかないという点では一致していました。ただ問題は、日本側から条件をつけるかどうかでした。

外務大臣の東郷茂徳がいいました。

「条件を多くだすと、連合国側とのあいだで交渉決裂のおそれがある。絶対必要な条件だけにかぎる必要がある」

条件をひとつにしぼるべきだとする意見でした。それは「国体護持」、つまり国体を守ることです。国体とは、大日本帝国憲法のもとで、天皇を統治者と定めた国のありかたのことでした。

東郷に反対する中心人物が陸軍大臣の阿南惟幾でした。阿南は、国体護持にくわえ、占領は短期間かつ小範囲にし、武装解除と戦争犯罪人の処罰は日本側がおこなうという条件を主張します。

会議のさなか、2発目の原爆が長崎に投下されたという情報がはいりますが、鈴木は結論をみちびくことができず、臨時閣議をひらいて議論の場をうつします。しかし、そこでも意見はわれ、6時間以上たっても合意にはいたりませんでした。鈴木は、積極的な発言をしませんでした。ある者の意見によってほかをおさえれば、内閣は瓦解してしまうと考えたからです。

鈴木には、大きな懸念材料がありました。それは陸軍です。周到に事をすすめなければ、二・二六事件のような軍部の反乱を引きおこしかねま

せん。鈴木は、決着をつけないまま閣議を散会。たのみの綱は昭和天皇でした。鈴木は御前会議をひらき、天皇臨席のもとで方針を決定しようとします。

日付がかわった8月10日午前0時すぎ、御前会議がはじまりましたが、2時間たっても、やはり結論はだせません。ついに鈴木は天皇に決断をあおぎました。

「事態は一刻の猶予もゆるしません。まことに異例でおそれ多いことながら、聖断を拝して、会議の結論といたしたく存じます」

聖断とは、天皇みずからがくだす決断のこと。天皇に判断をゆだねることは、まさに異例でした。沈黙を守っていた天皇は、鈴木にうながされるかたちで発言しました。

「わたしの意見は、先ほどから外務大臣の申しているところに同意である」

これで方針が決まりました。日本政府は、連合国側に対し、「国体護持」の一条件が守られるという了解のもとにポツダム宣言を受諾すると通告したのです。

白川一郎画「御前会議」（鈴木貫太郎記念館所蔵）。8月10日午前0時にひらかれた御前会議のようすがえがかれている。中央にすわっているのが昭和天皇。

Episode.3 畏れ多いことながら再度の御聖断を！

　日本の通告から2日後の8月12日、連合国側から回答がありました。それは「国体護持」について具体的にこたえず、判断に迷う文章をふくんでいました。
　「天皇及び日本国政府の国家統治の権限は連合軍最高司令官の制限の下におかるるものとす」
　この「制限の下（subject to）」という文言を記した回答文に対し、異議をとなえたのが、またも陸軍大臣の阿南でした。これでは天皇の上に統治者がいることになってしまうとして、不満をあらわにしたのです。
　翌日の8月13日の朝、最高戦争指導会議がひらかれました。鈴木首相は、それまでになく明確にみずからの意見をのべました。
　「問題を故意に破局にみちびき、もって継戦を強行するの下心ならん」
　ポツダム宣言受諾に反対する意見を非常識だと強く非難し、受諾を主張したのです。じつはこの会議に先立ち、海外から鈴木のもとへ、連合国側の回答文の作成過程を伝える内部情報がとどいていました。そこには、日本が人民主権にもとづく西洋流の立憲君主制をとるべきことが記されていました。つまり、その制度ならば、たとえ日本が降伏しても天皇と皇室は存続をみとめられると解釈できたのです。
　この内容は、昭和天皇にも伝えられたと考えられます。天皇は、国体護持に不安があると主張する阿南をよびだし、「心配するな。自分には確証がある」とのべたと伝えられています。
　13日の午後、臨時閣議がひらかれます。その席でも、阿南は、ポツダム宣言の即時受諾には同意しませんでした。当時、陸軍内部には、戦争の継続をとなえる主戦派がいて、クーデターによる軍部主導の政権樹立も辞さないかまえでした。天皇に説得されても、強硬な姿勢をとりつづけた阿南でしたが、つぎのような証言が残されています。
　「本心では和平を請い願いながらも、陸軍の若手の暴発を懸念し、これをおさえるため、陸相（陸軍大臣）が心にもない挙措をとったことがたびたびあったように思う」（鈴木首相秘書官の手記より）
　事態はきわめて切迫していました。この日、アメリカ軍が日本上空から宣伝ビラをまきます。「日本の皆様」と題したビラには、あの「subject to」、つまり、天皇と日本政府の権限を連合軍最高司令官の下におくとする回答文が記されていました。
　天皇は危惧しました。
　「これが軍隊内に広く知れわたれば、クーデ

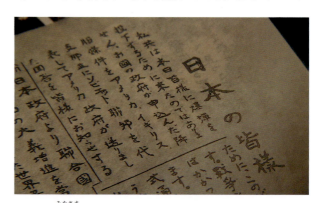

「日本の皆様」と題したアメリカ軍のビラ。

白川一郎画「最後の御前会議」(鈴木貫太郎記念館所蔵)。8月14日11時すぎにひらかれた御前会議のようすがえがかれている。右が昭和天皇。

ターがおきる」

鈴木は決意をかためます。

「御聖断のことをお願いしましょう」

翌14日の朝、鈴木は、昭和天皇に御前会議の開催を願いでました。

午前11時すぎ、ふたたび御前会議がひらかれ、天皇の命で、閣僚や最高戦争指導会議のメンバーなどが集められました。鈴木は、天皇に対し、閣僚の大部分が連合国側の回答をうけいれることに賛成しているが、全員一致にはいたっていないため、再度の聖断をあおぎたいと申しでました。

鈴木の発言をうけた昭和天皇は、
「自分の先般の考えにかわりはない。国体に動揺をきたすというが、そうは考えない。戦争を継続することは、結局、国体の護持もできず、ただ玉砕におわるのみ。どうか反対の者も自分の意見に同意してほしい」

このような内容の言葉を発し、日本はポツダム宣言受諾という結論にたどりついたのでした。

阿南も、ポツダム宣言のうけいれをみとめました。陸軍将校たちの怒りは爆発しますが、阿南の意志はゆらぎませんでした。その夜、阿南はひとりで鈴木のもとをおとずれます。そして、翌朝、天皇のいる宮中にむかい、割腹自決しました。

1945年8月15日、終戦。内閣は総辞職します。こうして太平洋戦争はおわりましたが、指導者たちが決断をくだすまでのあいだに、国内外で多大な犠牲が生まれたことはまぎれもない事実でした。

鈴木は公職からしりぞき、妻のたかと余生をおくります。そして、終戦から3年たった1948年に死去。荼毘にふされた灰のなかには、二・二六事件のときにうちこまれた銃弾が残っていました。

晩年の鈴木貫太郎と妻のたか(鈴木貫太郎記念館所蔵)。左は、実相寺(千葉県野田市)に眠るふたりの墓。

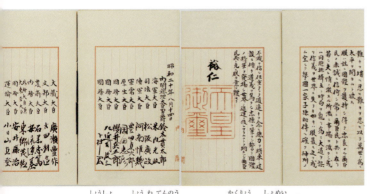

「終戦の詔書」。昭和天皇のほか、閣僚の署名がされている。

食事を楽しむジョセフ・グルーとアリス夫人。

もうひとつの終戦
～日本を愛した外交官グルーの闘い～

Episode.1 日米開戦を防げ！

　太平洋戦争の開戦ぎりぎりまで、日本で戦争回避に奔走したアメリカ人がいました。駐日大使、ジョセフ・グルー。日本を愛したひとりのアメリカ人が見た戦争終結の物語です。

　グルーが大使として来日したのは1932年6月。このとき、日米関係は険悪な状況にありました。きっかけは、日本軍の満州（今の中国東北部）への進出です。アメリカは、日本が中国の権益を独占することを危険とみて、強く非難します。グルーに課せられた使命は、日本の今後の出方を見きわめるとともに、日米の緊張関係をやわらげることでした。

　日本に到着して8日後、グルーは宮城（今の皇居）にむかいます。日本の最高権力者にして陸海軍の総司令官でもある昭和天皇にあったときの印象を、グルーは日記にこう記しています。

　「エンペラー・ヒロヒトは、話をされるとき、心地よい微笑をうかべられる。陛下が気さくに質問されるので、わたしは生い立ちから家族のことまで、何から何まで話すことになった」

　やがてグルーは、日米関係の未来にとって、天皇がいかに重要であるかを知ることになります。それは、グルーが親米派の政治家たちに対し、中国への進出をつづける軍部について懸念を表明したときのことでした。

中国大陸へ進出する日本軍。

ジョセフ・グルー （1880～1965年／明治・大正時代、昭和）

■プロフィール

アメリカの外交官。1880年、ボストンに生まれる。外交官としてドイツ、デンマーク、スイス、トルコに赴任する。1932年から1941年まで駐日大使をつとめ、太平洋戦争の回避に力をつくした。アメリカに帰国後、国務次官をつとめる。ポツダム宣言の起草にあたり、アメリカ大統領に、戦後の日本に天皇制を残すよう進言している。1965年、84歳で亡くなる。駐日大使時代の経験を記した著書「滞日十年」が出版されている。

ジョセフ・グルー

「このままでは、アメリカとの衝突はさけられません。日本は軍の行動をちゃんとコントロールできるのか、心配なのです」

すると、ひとりの政治家がいいました。

「日本には、皇室という守護者がいてくださる。どんなことになっても陛下がおられるので、軍の独裁がおこる危険がないのです」

グルーは、日本とただちに対決姿勢をとるべきではないと本国に報告します。この進言はアメリカ政府に採用され、日米関係はしだいに平穏さをとりもどしていきました。

しかし、大きな転機がおとずれます。1936年2月25日、グルーは、親しかった内大臣の斎藤実と、天皇の侍従長である鈴木貫太郎をアメリカ大使公邸にまねき、映画の鑑賞会をひらきました。深夜まで楽しんだその数時間後、自宅にもどった斎藤と鈴木が、陸軍の青年将校ひきいる部隊におそわれたのです。二・二六事件です。斎藤は即死し、鈴木は瀕死の重傷をおいます。

この事件は、天皇みずからの命令で鎮圧されます。やはり、この国のかぎは天皇なのだと、グルーは思いました。

これを境に、穏健派の政治家たちは軍部への影響力をうしない、翌年、日本は中国と全面戦争を開始。北京や上海を占領し、インドシナ半島にまで軍を送ります。それに対して、アメリカは、日本へのきびしい経済制裁を発動し、日本への石油や鉄などの輸出を禁止しました。日米関係はいっきに悪化し、一触即発の状況におちいります。

アメリカ大使館スタッフとの集合写真（前列の中央がグルー）。

そんなある日、グルーは、日本の首相、近衛文麿から、アメリカのローズヴェルト大統領との直接会談をたのまれます。近衛首相は天皇から、戦争をさけるために外交交渉をするよう求められていたのです。

グルーは、大統領に首脳会談を進言しますが、会談は実現しませんでした。2か月後の1941年12月、日本がハワイの真珠湾を攻撃し、ついに太平洋戦争がはじまったのです。

Episode.2　平和のために立ち上がれ！

　太平洋戦争のさなか、グルーは、無念の思いを胸にアメリカへ帰国。アメリカ国民の反日感情の予想以上の高まりに、おどろかされます。

　日本人は野蛮だとか、天皇を罰するべきだなどという当時のアメリカ人の考えかたを、グルーは、なんとかかえようとしました。ラジオ放送や市民むけの演説で、自分が見た天皇の姿を率直に伝えようとこころみます。
「みなさん、天皇は、最後まで軍にアメリカとの戦争をやめさせようと、最善をつくしました。彼は戦争をのぞんでいなかったのです」

アメリカで戦意高揚を目的としてつくられた映画のワンシーン。左から昭和天皇、ドイツのヒトラー総統、イタリアのムッソリーニ首相。

　しかし、グルーの演説は批判をあびます。「戦争の真っ最中に、天皇を擁護するのは場ちがいな発言だ」とか、「グルーは、天皇と取り引きしているのではないか」といった批判もありました。そして、グルーは、国務省の指示で外交の表舞台からはずされてしまったのです。

　それから1年半後、グルーにふたたびチャンスがめぐってきます。1945年4月、それまで日本との戦争を指導してきたローズヴェルト大統領が急死。かわって大統領になったのは、外交経験のほとんどない副大統領のトルーマンでした。日本についてまったく知識がなかったトルーマンは、日本通のグルーに大きな信頼をよせます。

ローズヴェルト大統領が急死し、副大統領だったトルーマンが大統領に就任した。

　グルーは、国務次官として、日米の外交交渉の中心的な役割をまかされました。そのころ、日本とアメリカは沖縄ではげしい攻防戦をくりひろげていました。県民の4人に1人が命を落とすというすさまじい戦闘がおこなわれ、アメリカ側の犠牲者も、予想をこえるいきおいでふえていきます。さらに、アメリカ軍は、日本本土への大規模な上陸作戦の計画をすすめていました。日本側も国民を総動員し、本土決戦を決意します。もし、本土上陸作戦が実行されれば、日米双方にばく大な数の犠牲者がでることはさけられません。

　ある日、思わぬニュースがグルーのもとにとびこんできました。日本の首相に、かつて

首相に就任した鈴木貫太郎。

の友人、鈴木貫太郎が就任したのです。あの鈴木となら、外交交渉の余地がある。条件さえおりあえば、日本を戦争終結にみちびけるかもしれない――。

1945年5月28日、グルーは、ホワイトハウスにむかいます。そして、トルーマン大統領に、日本にむけて戦争終結の条件をしめした声明文をだすようにうったえたのです。

「日本が降伏をこばむ最大の理由は、降伏などしたら、天皇を中心にした国のありかたが永久に破壊されてしまうと信じていることにあります。ですから、戦後の政治体制は、日本人の決定にまかせると保証してやれば、彼らは面目がたもたれたと感じるはずです」

トルーマンは提案に同意し、日本に対する宣言案の作成を軍に命じます。グルーのアイデアをもとに作成された、のちのポツダム宣言の草稿には、こう記されました。

「日本が降伏をうけいれた場合、戦後日本が選ぶことのできる政治体制のなかには、現在の皇室のもとでの立憲君主制がふくまれる」

これは、天皇を中心とした政治体制の存続を日本に保証するというメッセージでした。この宣言は、7月にドイツのポツダムでおこなわれる連合国の首脳会談で発表されることになります。宣言案が完成し、トルーマンに手わたされたのは、ポツダムに出発する4日

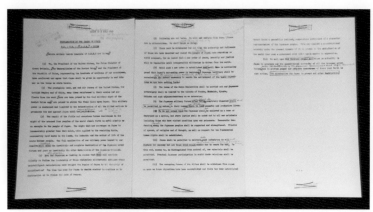

ポツダム宣言の草稿。

前のことでした。

しかし、翌日、予想外のできごとがおこります。トルーマン大統領は、アメリカ外交のトップである国務長官を交代させ、友人の上院議員、バーンズを新しく長官にしたのです。バーンズは、天皇を中心にした国のありかたを日本にみとめることについて、かねてから反対してきた人物でした。

グルーは、まさにポツダムへ出発しようとしていたバーンズをつかまえ、日本にとって天皇がいかに重要な存在であるかをまとめたメモをわたします。

国務省での待機を命じられたグルーは、日本の運命を決めるポツダム宣言のゆくえをただ見守ることしかできませんでした。

新しく国務長官に就任したバーンズ（左）と大統領のトルーマン。

Episode.3 書きかえられたポツダム宣言

ドイツのベルリン郊外でおこなわれたポツダム会談。左からイギリスのチャーチル首相、アメリカのトルーマン大統領、ソビエト連邦のスターリン共産党書記長。

　1945年7月15日、アメリカのトルーマンは、ベルリン郊外のポツダムに到着。ソビエト連邦のスターリン、イギリスのチャーチルとの首脳会談がはじまります。
　7月26日、ポツダム宣言が世界にむけて発表されました。その内容を知ったグルーは愕然とします。肝心の天皇についての条項が書きかえられていたのです。
　発表されたポツダム宣言には、こう記されていました。
「日本国民は自由な意思にしたがって政府を樹立できる」
　もともとの草稿に書かれていた「現在の皇室のもとでの立憲君主制をふくむ」という記述が削除されていたのです。
　天皇についての表現を書きかえたのは国務長官のバーンズでした。バーンズは、アメリカ世論の反発を危惧していました。ポツダム会談の直前におこなわれた世論調査では、戦後、天皇をどうあつかうべきかという問いに対して、もっとも多かった回答が死刑だったのです。その割合は、アメリカ国民の3分の1にもたっしていました。
　バーンズが書きかえを決める根拠となった、国務省の内部資料が残っています。
「日本に天皇の地位について保証をあたえたところで、日本が降伏するかどうかはわからない。もし、天皇について保証したにもかかわらず、宣言が拒否された場合、アメリカでは、ひどい政治的な反動がおきるだろう」

ポツダム宣言の原文

　宣言の内容を日本が知ったのは7月27日。日本政府がこの宣言をうけいれられないまま、8月6日、広島に原子爆弾が投下されます。8日にはソビエト連邦が日本に宣戦布告。つづく9日には、2発目の原子爆弾が長崎に投下されます。翌日、ポツダム宣言の発表から15日後になって、日本はようやく連合国側に回答します。それは、ポツダム宣言を受諾する条件として、国体の護持、つまり、天皇を統治者と定めた国のありかたの保証を要求するというものでした。
　ただちに、日本への回答文が作成されます。
「天皇及び日本国政府の国家統治の権限は連

合軍最高司令官の制限の下におかるるものとす」
　それは条件つきではあるものの、天皇という単語を使い、その地位と権限をみとめることを明示した表現でした。これなら、きっと鈴木はわかってくれると、グルーは思いました。しかし、この段になって、またもやバーンズが思わぬことをいいだしました。
「降伏文書には、天皇自身が署名するという一文をつけくわえるのはどうだろうか」
　グルーは、はげしく抗議します。
「あなたは、外交儀礼というものがまったくわかっていない。そんな屈辱的なことを書いたら、日本は宣言をうけいれません」
　結局、バーンズの意見は、ぎりぎりのところでとりさげられました。
　8月14日、回答文に「天皇」という文言がはいっていることを確認した日本側は、ポツダム宣言を受諾します。こうして太平洋戦争は終結し、グルーの戦いもおわったのです。

日本に到着した飛行機からおりる連合国軍のマッカーサー最高司令官。

　1945年8月15日、終戦──。その2週間後、アメリカを中心とした連合国軍による占領がはじまりました。グルーのもとには、最高司令官のマッカーサーから、顧問にむかえたいというさそいがきます。しかし、グルーは、きっぱりとことわりました。
「わたしは10年ものあいだ、日本で暮らし、たくさんの友人がいます。そこに支配者の顔をしていきたいとは思いません」
　グルーは終戦後、一度も日本をおとずれることなく、1965年5月25日、この世を去りました。享年84でした。

グルーの桜

　グルーは、かつて日本を去る日、アメリカ大使公邸に1本の桜の若木を植え、願いをかけました。
「この桜が大きくなって、花ひらくとき、日米のあいだに、きっと平和がもどっていますように……」
　終戦後、この桜は大きく成長し、たくさんの美しい花を咲かせます。その後、この桜は枯れてしまいますが、1本の枝が近くの小学校に枝わけされ、植樹されていました。グルーと日本を結ぶ絆は、今も子どもたちの手によって、たいせつにうけつがれているのです。

アメリカ大使公邸の桜（2004年4月撮影）。

グルーが植えたアメリカ大使公邸の桜の木が枝わけされ、港区立麻布小学校で育っている。「グルーの桜」とよばれている。

NHK「歴史秘話ヒストリア」制作スタッフ

制作統括	木道 壮司　奥本 千絵　齋藤 圭介　船津 貴弘(プロデューサー)
ディレクター	矢崎 伸治 「二・二六事件 奇跡の脱出劇」(2016年2月24日放送)
	河井 雅也 「幻の巨大潜水艦 伊400 〜日本海軍 極秘プロジェクトの真実〜」(2015年5月6日放送)
	原 克肇 「お菓子が戦地にやってきた 〜海軍のアイドル・給糧艦『間宮』〜」(2015年12月2日放送)
	谷口 僚平 「"裏切り"の声は甘く悲しく 〜太平洋戦争のラジオアイドル 東京ローズ〜」(2015年1月21日放送) 「もうひとつの終戦 〜日本を愛した外交官グルーの闘い〜」(2015年7月29日放送)
	長谷川 明 「天皇のそばにいた男 鈴木貫太郎 太平洋戦争最後の首相」(2015年2月25日放送)
協　力	NHKエデュケーショナル
表紙写真	大和ミュージアム
デザイン	グラフィオ
ＣＧ制作	タニスタ
図版作成	中原武士
編集・DTP	ワン・ステップ

NHK新歴史秘話ヒストリア
歴史にかくされた知られざる物語

4 太平洋戦争の記憶

2018年1月 初版発行

NHK「歴史秘話ヒストリア」制作班／編

発行所	株式会社 金の星社 〒111-0056 東京都台東区小島1-4-3 電話　03-3861-1861（代表） FAX　03-3861-1507 振替　00100-0-64678 ホームページ　http://www.kinnohoshi.co.jp
印　刷	株式会社 廣済堂
製　本	東京美術紙工

NDC210　40p.　29.5cm　ISBN978-4-323-06829-9
©NHK & ONESTEP inc., 2018
Published by KIN-NO-HOSHI SHA, Tokyo, Japan.

乱丁落丁本は、ご面倒ですが、小社販売部宛にご送付下さい。
送料小社負担にてお取替えいたします。

JCOPY　出版者著作権管理機構 委託出版物

本書の無断複写は著作権法上での例外を除き禁じられています。複写される場合は、そのつど事前に
出版者著作権管理機構（電話 03-3513-6969、FAX 03-3513-6979、e-mail: info@jcopy.or.jp）の許諾を得てください。
※本書を代行業者等の第三者に依頼してスキャンやデジタル化することは、たとえ個人や家庭内での利用でも著作権法違反です。

NHK新歴史秘話 ヒストリア
歴史にかくされた知られざる物語

全5巻
- シリーズNDC：210（日本史）
- A4変型判 40ページ
- 図書館用堅牢製本

NHK「歴史秘話ヒストリア」制作班：編

NHK番組「歴史秘話ヒストリア」から、教科書にも掲載されるような有名な歴史上の人物や事件、歴史的遺産をおもに取りあげて収録。知られざる歴史の秘話をたっぷりと紹介します。発見と感動の連続で、歴史が身近に感じられるシリーズ・第4弾！

❶ 乱世を生きた戦国武将
「今川義元」「織田信長／太田牛一」
「明智光秀」「服部半蔵」
「大谷吉継／福島正則／吉川広家」「豊臣秀頼」

❷ 歴史を動かした女性
「持統天皇」「日野富子」「井伊直虎」
「立花誾千代／妙林尼」「天璋院・篤姫」
「夏目漱石／夏目鏡子」

❸ かがやく日本文化
「前方後円墳」「天文学（天武天皇）」
「びわ湖（最澄／松尾芭蕉）」「鑑真」
「和食（道元／千利休）」「ザビエル」

❹ 太平洋戦争の記憶
「二・二六事件」「潜水空母 伊400」
「給糧艦 間宮」「東京ローズ」
「鈴木貫太郎」「外交官グルー」

❺ 日本がほこる世界遺産
「嚴島神社（平清盛）」「熊野（白河上皇）」
「金閣寺／銀閣寺」「富士山（足利義教）」
「姫路城（池田輝政）」「富岡製糸場」